RECUEIL DE CANTIQUES

POUR

LE MOIS DE MARIE

ET LES FÊTES DE LA Ste VIERGE.

ANGERS

IMPRIMERIE-LIBRAIRIE DE E. BARASSÉ

imp. de Mgr l'Évêque.

1851

CHANTS A MARIE

POUR LE MOIS DE MAI.

CHOIX DE CANTIQUES

POUR

LE MOIS DE MARIE

& les Fêtes de la Sainte Vierge.

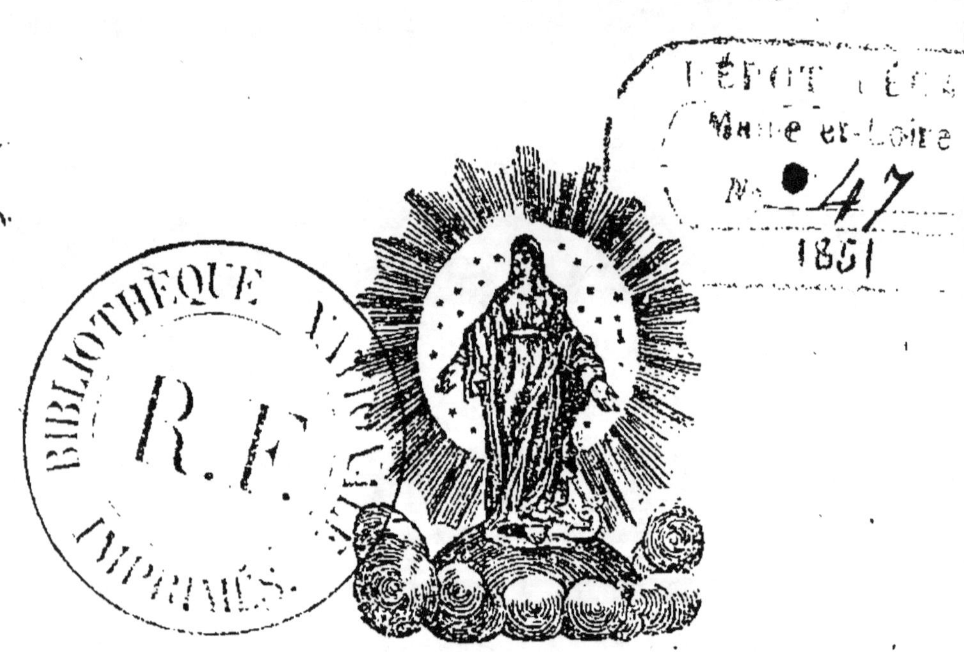

ANGERS,

IMPRIMERIE-LIBRAIRIE DE E. BARASSÉ,

Imp. de Mgr l'Évêque et du Clergé,

1851.

CANTIQUES A MARIE.

1. — Ouverture du Mois de Marie.

Air nouveau : ou *je mets ma confiance.*

Parons le sanctuaire
  De nos plus belles fleurs ;
Offrons à notre Mère
Et nos chants et nos cœurs.
* C'est le mois de Marie,
C'est le mois le plus beau !
Chantons, troupe chérie,
Un cantique nouveau.

  De la saison nouvelle
On vante les attraits :
Marie est bien plus belle !
Plus doux sont ses bienfaits ; * C'est, etc.

  L'étoile éblouissante
Qui jette au loin ses feux
Est bien moins éclatante,
Son aspect moins pompeux. * C'est, etc.

  Qu'une brillante aurore
Vienne enchanter nos yeux,
Marie efface encore
Cet ornement des cieux. * C'est, etc.

  Au vallon solitaire,
Le lys par sa blancheur.
De cette Vierge Mère
Retrace la pudeur. * C'est, etc.

Aimable violette,
Ta modeste beauté
Est l'image imparfaite
De son humilité.   * C'est, etc.

La rose épanouie
Aux premiers feux du jour,
Nous peint bien de Marie
L'inépuisable amour.   * C'est, etc.

O Vierge, viens toi-même,
Viens semer dans nos cœurs
Les vertus dont l'emblème
Se découvre en ces fleurs.   * C'est, etc.

Défends notre jeunesse
Des plaisirs séduisants ;
Montre-nous ta tendresse
Jusqu'à nos derniers ans.   * C'est, etc.

Fais que dans la patrie
Nous chantions à jamais
D'une mère chérie
Le nom et les bienfaits.   * C'est, etc.

---

2. — AUTRE.

Air : *Bénissons à jamais.*

RÉUNISSONS nos voix
Pour chanter tous à la fois ;
Réunissons nos voix
Pour chanter le plus beau mois.

Ce mois, de notre vie
La plus belle saison,
S'appelle avec raison
Le beau mois de Marie.   * Réunissons...

Dans ce mois, la nature
Se pare de ses fleurs ;

La vertu de nos cœurs
Doit faire la parure.   * Réunissons...
    Des oiseaux l'harmonie
Qui réjouit ces bois,
Semble inviter nos voix
A célébrer Marie.   * Réunissons...
    Au fond de ce bocage,
Charmant petit oiseau,
Tu chantes sur l'ormeau :
Qu'on l'honore à tout âge.   * Réunissons...
    Plaintive tourterelle,
Tu redis en ces lieux :
Qu'à la Reine des Cieux
On soit toujours fidèle.   * Réunissons...
    Entourons son image
Des fleurs de nos hameaux :
Des plus tendres rameaux
Offrons-lui le feuillage.   * Réunissons...
    Pour honorer Marie,
C'est trop peu de nos fleurs ;
Unissons-y nos cœurs,
C'est le don qu'elle envie.   * Réunissons...
    Marie, ô notre Mère,
Protégez vos enfants ;
Rendez-les triomphants ;
En vous leur cœur espère.   * Réunissons...
    Aimable protectrice,
En ce mois, en tout temps,
Aux vœux de vos enfants
Soyez toujours propice.   * Réunissons...

---

3. — En l'honneur du saint cœur de Marie.

Air : *Heureux qui dès le premier âge.*

HEUREUX qui, du cœur de Marie.
Connaît, honore les grandeurs.

Et qui, sans crainte, se confie
En ses maternelles faveurs !
Après le cœur du divin Maître,
A qui seul est dû ton encens,
Fut-il jamais et peut-il être
Un cœur plus digne de nos chants ?

Les cieux se trouvent sans parure,
Auprès des traits de sa beauté ;
Et l'astre roi de la nature
Près d'elle a perdu sa clarté.
Cours au temple, ô Vierge chérie,
Offrir ton cœur à l'Eternel ;
Jamais plus agréable hostie
Ne fut portée à son autel !

C'est là que ce Cœur si docile,
Soumis aux éternels desseins,
Se forme à devenir l'asile
Et le séjour du Saint des saints.
Oh ! de quels charmes fut suivie,
De quels transports, de quelle ardeur,
L'union du Cœur de Marie
Avec celui du Dieu Sauveur !

Quand Jésus, né dans l'indigence,
Baigne pour nous ses yeux de pleurs ;
Marie, avide de souffrances,
Aime à s'unir à nos douleurs :
Quand, chargé de nos injustices,
Il veut de son sang innocent,
Pour nous répandre les prémices,
Le cœur de Marie y consent.

Quelle force aida son courage,
Lorsqu'elle osa suivre les pas
De celui qu'une aveugle rage
Traînait au plus affreux trépas !
Voyez-le, ce Cœur intrépide,
Par les mêmes mains déchiré.

Qui percent, d'un fer déicide,
Le Cœur de son Fils expiré.

Hâtez-vous d'offrir à son trône,
Saints Anges, vos tributs d'honneur ;
Chantez, du Dieu qui la couronne,
Les dons, la bonté, la faveur ;
Et nous, fils d'un père coupable ;
Ici-bas condamnés aux pleurs,
Cherchons dans ce Cœur secourable,
Un abri contre nos malheurs.

O Cœur de la plus tendre Mère,
Cœur plein de grâce et de bonté,
O vous sur qui, dans leur misère,
Vos enfants ont toujours compté ;
Daignez être notre refuge
Et notre appui dans tous les temps ;
Surtout apaisez notre Juge,
Dans le dernier de nos instants.

---

4. — Dévouement au service de Marie.

Air : *Le temps de la Jeunesse.*

ADRESSONS notre hommage
A la Reine des Cieux ;
Elle aime de notre âge
La candeur et les vœux :
Du beau nom de Marie
Faisons tout retentir ;
Qu'elle-même attendrie
Daigne nous applaudir.
Tout ici parle d'elle ;
Son nom règne en ces lieux ;
Nous croissons sous son aile,
Nous vivons sous ses yeux.
Cet autel est le trône
D'où coulent ses faveurs ;

1.

Son divin Fils lui donne
Tous ses droits sur nos cœurs.
   Pour nous, qu'elle rassemble
Au pied de son autel,
Jurons-lui tous ensemble
Un amour éternel.
Marie est notre Mère,
Nous sommes ses enfants :
Consacrons à lui plaire
Le printemps de nos ans.
   O Vierge sainte et pure !
Notre cœur, en ce jour,
Vous promet et vous jure
Un éternel amour.
Nous voulons, avec zèle,
Imiter vos vertus ;
Vous êtes le modèle
Que suivent les élus.
   Protégez-nous sans cesse,
Dès nos plus tendres ans ;
Guidez notre jeunesse,
Veillez sur vos enfants ;
Et parmi les orages
D'un monde séducteur.
Sauvez-nous des naufrages
Où périt la pudeur.

---

5. — Bonheur de la jeunesse qui se consacre à Marie.

Air : *Rassemblons-nous sous nos drapeaux.*

RASSEMBLONS-NOUS dans ce saint lieu ;
De nos cœurs offrons tous l'hommage.
A la Mère du Fils de Dieu
Nous voulons être son partage.
  * Notre bonheur

Est dans son cœur ;
Quelle faveur !
Pour nous, tendre jeunesse,
Chantons, celébrons la douceur
De son cœur ;
Bénissons sa tendresse.

Nous venons tous à ses genoux.
Lui jurer l'amour le plus tendre ;
L'aimer ! est-il rien de plus doux ;
Un cœur pourrait-il s'en défendre ?
        * Notre bonheur, etc.

Sur vous se fonde notre espoir,
Vous guiderez notre jeunesse ;
A vos mains nous voulons devoir
L'heureux trésor de la sagesse.
        * Notre bonheur, etc.

Puissent pour vous nos sentiments
Trouver toujours les cieux propices ;
Ne dédaignez pas des enfants
Qui s'engagent sous vos auspices.
        * Notre bonheur, etc.

Rendez-vous sensible à nos yeux,
Nous vous serons toujours fidèles ;
Obtenez-nous, du haut des Cieux,
De goûter les joies éternelles.
        * Notre bonheur, etc.

---

6. — **C'est notre Reine et notre Mère**.

Air : *Vierge sainte, rose vermeille.*

VENEZ, ô famille chérie,
    Avec les plus joyeux transports,
Venez présenter à Marie
Vos cœurs unis à vos accords.
* C'est notre Reine et notre Mère ;
A l'aimer consacrons nos jours :

Heureux l'enfant qui sait lui plaire.
Toujours ! toujours ! toujours !

Que son amour offre de charmes !
Que son service a de douceurs !
Marie, en essuyant nos larmes,
Change nos épines en fleurs.
* C'est notre Reine, etc.

De tous les biens source féconde,
Source de vie et de bonheur ;
Toujours par torrents sur le monde
Les grâces coulent de son cœur.
* C'est notre Reine, etc.

Que l'enfer au monde s'allie
Pour perdre nos cœurs innocents ;
Contre les enfants de Marie
Leurs traits sont toujours impuissants.
* C'est notre Reine, etc.

A-t-on jamais vu sous son aile
Quelqu'un s'égarer et périr ?
Du ciel c'est la porte immortelle ;
Frappez... vous la verrez s'ouvrir.
* C'est notre Reine, etc.

Pardon, si notre indifférence,
O Vierge, oublia tes faveurs,
Pour toujours la reconnaissance
Te consacre aujourd'hui nos cœurs.
* C'est notre Reine, etc.

Sur tes enfants, tendre Marie,
Etends les mains pour les bénir ;
Dans l'exil et dans la patrie
Puisse ton amour les unir !
* C'est notre Reine, etc.

7. — Hommage à Marie.

Air : *Reçois nos hommages.*

Reçois mon hommage,
Reine de mon cœur ;
Accepte pour gage
De ma vive ardeur,
Ces simples offrandes
De fleurs, de guirlandes.
* Toujours,
O Vierge chérie,
Mon salut, ma vie,
Sois mes amours,
Toujours.

Dans l'humble chau-(mière
Et dans les palais,
Partout sur la terre
Je vois tes bienfaits :
L'écho des montagnes
Les dit aux campagnes :
* Toujours...

Toute la nature
S'embellit pour toi :
Chaque créature
Reconnaît ta loi :
Et moi, pour te plaire,
Que pourrai-je faire ?
* Toujours...

De t'aimer sans cesse
Je fais le serment :

A cette promesse
Fais que constamment,
Vivant sous ton aile,
Je reste fidèle :
* Toujours...

Donne l'innocence
A mes jeunes ans ;
Mets en assurance
Mes derniers instants :
Jamais, ô Marie,
Jamais ne m'oublie !
* Toujours...

Si dans ma carrière,
Tu me vois faillir
Viens, ô tendre mère,
Viens me secourir,
Sans ton assistance.
Aucune espérance !
* Toujours...

Ah ! fais que je vive
Dans ton saint amour,
Et qu'en paix j'arrive
Au divin séjour !
Qu'en tes bras j'expire,
Afin de redire :
* Toujours...

---

8. — Invitation au service de Marie.

Air : *de Rachel.*

Trop heureux enfants de Marie,
Venez entourer ses autels :

Venez d'une mère chérie
Chanter les bienfaits immortels.
Et vous, célestes chœurs des Anges,
Prêtez-nous vos divins accords ;
Que tout célèbre ses louanges,
Que tout seconde nos transports !

Vierge, le plus parfait ouvrage
Sorti des mains du Créateur,
Beauté pure, heureux assemblage
Et d'innocence et de grandeur,
Quel éclat pompeux t'environne
Au brillant séjour des élus !
Le Très-Haut lui-même y couronne
En toi la reine des vertus.

Astre propice, aimable aurore,
Qui nous annonça le Sauveur ;
Au faible mortel qui t'implore
Daigne offrir un bras protecteur,
Loin de toi, loin de ma patrie,
Je me consume en vains désirs ;
O ma mère, ô tendre Marie !
Entends la voix de mes soupirs.

Contre la timide innocence,
L'enfer, le monde conjurés,
Veulent ravir à ta puissance
Ces cœurs qui te sont consacrés.
Toujours menacé du naufrage,
Toujours rejeté loin du port :
Jouets des vents et de l'orage,
Quel sera donc enfin mon sort ?

Mais déjà le sombre nuage
S'éloigne : je le vois pâlir ;
Je sens renaître mon courage
Non, non, je ne saurais périr,
Du sein de la gloire éternelle,
Ma mère anime mon ardeur ;

Si mon cœur lui reste fidèle,
Par elle je serai vainqueur.
    Doux appui de notre espérance,
O mère de grâce et d'amour,
Heureux qui, dès sa tendre enfance,
A toi s'est voué sans retour !
Ta main daigne essuyer ses larmes ;
Tu le soutiens dans les combats ;
Il voit le terme sans alarmes,
Et s'endort en paix dans tes bras.

---

9. — Confiance en Marie.

Air ancien.

VIERGE Marie
    Daigne sourire à tes enfants ;
Mère chérie,
Reçois leurs chants :
Ah ! nous te consacrons les jours de notre vie ;
    Daigne en bénir tous les instants ;
       Et d'âge en âge,
Pour toi nos vœux toujours croissants
       Seront le gage
       De nos serments.

    T'aimer sans cesse,
Auguste Reine de mon cœur,
    T'aimer sans cesse,
    Quelle douceur !
Tu souris à mes vœux : ce signe de tendresse
    Bannit la crainte et la douleur ;
       Il est le gage
De ton amour pour un pécheur,
       Et le présage
       De son bonheur.

Mère chérie,
Toi que mon cœur aima toujours,
Viens, ô Marie,
A mon secours.
C'est toi qui protégeas l'aurore de ma vie :
Je t'en dois les plus heureux jours :
De mon jeune âge
Conserve-moi les sentiments ;
C'est le partage
De tes enfants.

En vain le monde
Prétend m'engager sous sa loi ;
En vain il gronde :
Je suis à toi.
Oui, c'est sur ton appui que mon espoir se fonde ;
O tendre mère, soutiens-moi :
Toujours fidèle,
A toi seule mon cœur sera,
Et sous ton aile
Reposera.

Sur cette terre
Je veux publier à jamais,
O douce mère,
Tous tes bienfaits.
Je veux t'appartenir, et t'aimer, et te plaire :
Daigne m'accorder en retour,
Que je demeure
Ton enfant jusqu'au dernier jour,
Et que je meure
Dans ton amour !

---

10. — Hommage à Marie.

Air connu.

D'UNE mère chérie (deux| Consacrons à Marie
Célébrons les gran- | Et nos voix et nos cœurs.

* De concert avec l'Ange,
Quand il la salua,
Disons à sa louange
Un *Ave Maria.*

   Modeste créature,
Elle plut au Seigneur ;
Et Vierge toujours pure,
Enfanta le Sauveur.
* De concert, etc.

   Nous étions la conquête
Du tyran des enfers ;
En écrasant sa tête,
Elle a brisé nos fers.
* De concert, etc.

   Que l'espoir se relève
En nos cœurs abattus !
Par cette nouvelle Eve
Les cieux nous sont ren-
* De concert...   (dus.

   O Marie, ô ma mère !
Prenez soin de mon sort ;
C'est en vous que j'espère
En la vie, à la mort.
* De concert...

   Obtenez-moi la grâce,
Pour prix de mon amour
De vous voir face à face,
Au céleste séjour.
* De concert...

---

11. — Encore moi, Marie.

Air connu.

ENCOR moi, toujours moi, Marie ?
A qui mieux puis-je avoir recours ?
J'ai tant de besoins dans la vie !
Vous êtes mon puissant secours,
L'enfer m'a déclaré la guerre :
Partout nouveau sujet d'effroi ;
Où m'enfuir ?... Vous êtes ma mère,
Marie, intercédez pour moi.

   Si de votre main protectrice
J'avais suivi le mouvement,
Mon cœur se fût gardé du vice,
Je serais encore innocent ;
Mais, hélas ! quelle est ma misère ?
De Satan j'ai suivi la loi,
J'ai péché !... Vous êtes ma mère.
   Marie, etc.

Oui, j'ai perdu cette innocence
Qui me rendait cher à mon Dieu ;
De ma coupable conscience
Le remords me suit en tout lieu ;
Une voix comme le tonnerre
M'a crié : plus de ciel pour toi !
Je péris !... Vous êtes ma mère,
    Marie, etc.

Marie a pitié de mon âme :
Tendre mère, elle entend mes cris ;
A l'enfer elle me réclame,
Elle m'appelle encor son fils.
Déjà, dans ma douleur amère,
L'amour a remplacé l'effroi ;
J'ai pleuré !... Vous êtes ma mère.
    Marie, etc.

Quand j'abandonnai le rivage,
Vous me suivîtes d'un soupir ;
Et vous m'offrez, dans mon naufrage,
La planche du saint repentir.
Dans ce cœur qui se désespère,
Espérance, réveille-toi !
Je vivrai !... Vous êtes ma mère.
    Marie, etc.

C'en est fait, ô ma douce reine,
A vous aujourd'hui pour jamais,
Me rattache la double chaîne
De votre amour, de vos bienfaits.
Quand sonnera l'heure dernière,
Pour votre enfant parlez au roi...
Parlez-lui, vous êtes ma mère,
    Marie, etc.

12. — Tout par Marie.

Air : *Il n'est pour moi qu'un seul bien.*

Tout par Marie ! elle est d'un Dieu la mère,
  Tout par Marie ! oui, c'est le cri du cœur.
Tout par Marie ! à ce mot la prière
Devient puissante et pleine de douceur.
      Chœur. * Cette mère chérie,
          De la sainte patrie,
      Sourit d'amour à ce chant de bonheur :
      Tout par Marie ! oui, c'est le cri du cœur.

    Tout par Marie au ciel et sur la terre !
J'entends ce chant parmi les immortels.
Que tout esprit l'honore et la révère,
C'est le refrain des concerts éternels.   * Cette, etc.

    Tout par Marie, ô chrétien, c'est ta mère ;
Ce nom chéri rendra ton bras puissant.
Tout par Marie ! et toi, pécheur, espère,
Tu peux aussi devenir son enfant.   * Cette, etc.

13. — Je vous salue, ô divine Marie.

Air : *Qu'ils sont aimés.*

Je vous salue, auguste et sainte Reine !
  Dont la beauté ravit les immortels !
Mère de grâce, aimable Souveraine,
Je me prosterne au pied de vos autels.
    Je vous salue, ô divine Marie,
Vous méritez l'hommage de nos cœurs :
Après Jésus vous êtes et la vie,
Et le refuge, et l'espoir des pécheurs.

    Fils malheureux d'une coupable mère,
Bannis du ciel, les yeux baignés de pleurs,
Nous vous faisons de ce lieu de misère,
Par nos soupirs entendre nos douleurs.

Ecoutez-nous, puissante protectrice,
Tournez sur nous vos yeux compatissants,
Et montrez-nous qu'à nos malheurs propice,
Du haut des Cieux vous aimez vos enfants.
O douce, ô tendre, ô pieuse Marie,
Vous dont Jésus, mon Dieu, reçut le jour.
Faites qu'après l'exil de cette vie,
Nous le voyions dans l'éternel séjour.

---

14. — Montrez-vous notre Mère.

Air : *Fleuve du Tage.*

TENDRE Marie,
  Souveraine des cieux;
  Mère chérie,
  Patronne de ces lieux,
  Veillez sur notre enfance,
  Sauvez notre innocence, (cieux.
Conservez-nous ce trésor pré-
  Mère de vie,
  O doux présent des cieux !
  De Dieu choisie
  Pour combler tous nos vœux :
  Voyez notre misère,
  Montrez-vous notre mère ;
Protégez-nous en ces jours ora-
  L'enfer s'élance;   (geux.
  Dans sa noire fureur,
  De notre enfance
  Il veut ternir la fleur.
  A peine à notre aurore,
  Oui, nous vaincrons encore,
Si votre amour nous promet sa
  Dès le jeune âge   (faveur.
  On peut être au Seigneur :
  De notre hommage

Offrons-lui la ferveur.
Pour embrâser nos âmes,
. Ah ! prêtez-nous vos flammes,
Mère de Dieu, prêtez-nous votre
   O Bienfaitrice   (cœur.
De nos plus jeunes ans !
   O Protectrice
De nos derniers moments !
O douce, ô tendre Mère,
Trop heureux de vous plaire,
Toujours, toujours nous serons
        (vos enfants.

---

15. — Confiance en Marie.

Air connu.

JE mets ma confiance
  Vierge, en votre secours ;
Servez-moi de défense,
Prenez soin de mes jours :
Et quand ma dernière heure
Viendra fixer mon sort,
Obtenez que je meure
De la plus sainte mort.
   A votre bienveillance,
O Vierge, j'ai recours :
Soyez mon assistance
En tous lieux et toujours ;
Vous-même êtes ma mère,
Jésus est votre Fils ;
Offrez-lui la prière
De vos enfants chéris.
   Sainte Vierge Marie,
Asile des pécheurs,
Prenez part, je vous prie,
A mes justes frayeurs.

Vous êtes mon refuge :
Votre Fils est mon roi,
Mais il sera mon juge,
Intercédez pour moi.

Ah ! soyez-moi propice,
Quand il faudra mourir ;
Apaisez sa justice,
Je crains de la subir.
Mère pleine de zèle,
Protégez votre enfant :
Je vous serai fidèle
Jusqu'au dernier instant.

Je promets pour vous plaire,
O reine de mon cœur,
De ne jamais rien faire
Qui blesse votre honneur.
Je veux que par hommage,
Ceux qui me sont sujets
En tous lieux, à tout âge,
Prennent vos intérêts.

Voyez couler mes larmes,
Mère du bel amour,
Finissez mes alarmes,
Dans ce triste séjour ;
Venez rompre ma chaîne.
Je veux aller à vous ;
Aimable souveraine,
Régnez, régnez sur nous.

REFRAIN pour ce cantique si on veut le chanter sur l'air : *C'est le mois de Marie...* en partageant les strophes.

Vous êtes notre mère,
Jésus est votre fils ;
Offrez-lui la prière
De vos enfants chéris,

16. — Serment d'amour à Marie.

Air : *L'encens des fleurs embaume, etc.*

Mère de Dieu, quelle magnificence
Orne aujourd'hui ce céleste séjour !
C'est en ces lieux que la reconnaissance
Vient à tes pieds m'enchaîner sans retour.
    * Tendre Marie,
      O mon bonheur !
      Toujours chérie,
      Tu vivras dans mon cœur.

O mon refuge, ô ma Reine, ô ma Mère,
Combien sur moi tu versas de bienfaits !
Combien de fois dans ce lieu de misère,
Auprès de toi, j'ai retrouvé la paix !
    * Tendre Marie, etc.

Mon œil à peine avait vu la lumière
Et ton amour veillait sur mon berceau !
Tous mes instants, ô ma divine Mère,
Furent marqués par un bienfait nouveau.
    * Tendre Marie, etc.

Quand je cédais aux amorces du vice,
Fatal moment, accablant souvenir !
Tu suspendis l'arrêt de la justice,
Et tu m'obtins les pleurs du repentir.
    * Tendre Marie, etc.

J'étais déjà sur le bord de l'abîme ;
Et de ton fils irritant le courroux,
Je méritais d'en être la victime ;
Mais de son bras tu détournas les coups.
    * Tendre Marie, etc.

Anges, soyez témoins de ma promesse !
Cieux, écoutez ce serment solennel ;
Oui, c'en est fait, mon cœur plein de ten-
Jure à Marie un amour éternel.   (dresse,
    * Tendre Marie, etc.

Si je pouvais, infidèle et volage,
Un seul instant cesser de t'honorer,
Ah ! bien plutôt à la fleur de mon âge,
Aujourd'hui même, à tes pieds expirer.
          * Tendre Marie, etc.

---

17. — Dévouement à Marie.

Air : *J'engageai ma promesse au baptême.*

JE veux célébrer, par mes louanges,
   La gloire de la Reine des Cieux,
En m'unissant au concert des Anges,
Je m'engage à chanter comme eux.
          Je m'engage, etc.
Sur vos pas, ô divine Marie,
Plus heureux qu'à la suite des rois,
Dès ce jour, et pour toute ma vie,
Je m'engage à vivre sous vos lois.
          Je m'engage, etc.
Si du monde écoutant le langage
Du plaisir j'ai cherché les attraits,
A vous posséder seule en partage,
Je m'engage aujourd'hui pour jamais.
          Je m'engage, etc.
Admire ton bonheur, ô mon âme,
Le ciel même en doit être jaloux, (me
Puisqu'en suivant l'ardeur qui t'enflam-
On s'engage aux devoirs les plus doux.
          On s'engage, etc.
Par un culte constant et sincère,
Par un vif et généreux amour,
A servir, à chérir une Mère,
Je m'engage aujourd'hui sans retour.
          Je m'engage, etc.
Mais si je veux lui marquer mon zèle,
Et participer à son bonheur,

Il faut qu'à suivre en tout ce modèle
Je m'engage et d'esprit et de cœur.
Je m'engage, etc,
Mère sensible et compatissante,
Soutiens, au milieu des combats,
Les efforts d'une âme pénitente;
Qui s'engage à marcher sur tes pas.
Qui s'engage, etc.
Tu n'es plus qu'une terre étrangère
Pour moi, monde volage et trompeur;
Je ne veux plus que servir ma Mère,
Qui s'engage à faire mon bonheur.
Qui s'engage, etc.
Unissez vos voix, peuple fidèle,
Aux accords des esprits bienheureux,
Pour chanter les louanges de celle
Qui s'engage à combler tous nos vœux.
Qui s'engage, etc.

---

18. — Soupirs.

Refrain.

En ce jour,
O bonne
Madone,
Je te donne
Mon amour.
  Jour et nuit,
La terre
Entière,
Tendre Mère,
Te bénit.
* En ce jour, etc.
  Pour toujours
Mon âme
S'enflamme

Et réclame
Ton secours.
* En ce jour, etc.
  Si mon cœur,
O Mère
Si chère,
Peut te plaire,
Quel bonheur !
* En ce jour, etc.
  O pécheur,
La bonne
Madone
Te pardonne
De bon cœur.
* En ce jour, etc.

Donnez-moi,
Marie
Chérie,
Pour la vie,
D'être à toi.
* En ce jour, etc.
  Qu'à jamais,
Mon âme
S'enflamme,
Et proclame
Tes bienfaits.
* En ce jour, etc.
  En ton nom
J'espère
Lumière,

Tendre Mère,
Et pardon.
* En ce jour, etc.
  Nuit et jour.
Ma lyre
Soupire,
Pour te dire
Mon amour.
* En ce jour, etc.
  A la mort,
Qui prie
Marie,
Plein de vie
Entre au port.
* En ce jour, etc.

---

19. — A Marie.

UNIS aux concerts des Anges,
  Aimable Reine des cieux,
Nous célébrons tes louanges
Par nos chants mélodieux.
Chœur : * De Marie,
      Qu'on publie
Et la gloire et les grandeurs ;
    Qu'on l'honore,
    Qu'on l'implore.
Qu'elle règne sur nos cœurs.
    Auprès d'elle la nature
Est sans grâce et sans beauté,
Les cieux perdent leur parure,
L'astre du jour sa clarté, * De Marie, etc.
    C'est le lys de la vallée,
Dont le parfum précieux,
Sur la terre désolée
Attira le roi des cieux. * De Marie, etc.

C'est l'auguste sanctuaire
Que le Dieu de majesté
Inonda de sa lumière,
Embellit de sa beauté. * De Marie, etc.

    C'est la Vierge incomparable,
Gloire et salut d'Israël,
Qui pour un monde coupable
Fléchit le courroux du ciel. * De Marie, etc.

    Pour tout dire, c'est Marie :
Dans ce nom que de douceur ?
Nom d'une Mère chérie,
Nom, doux espoir du pécheur? * De Marie, etc.

    Ah ! vous seul pouvez-nous dire,
Mortel qui l'avez goûté,
Combien doux est son empire,
Combien grande est sa bonté. * De Marie, etc.

    Qui jamais de la détresse
Lui fit entendre le cri,
Et n'obtint de sa tendresse
Sous son aile un sûr abri? * De Marie, etc.

    Vous, qui d'un monde perfide
Craignez les puissants appas,
Si Marie est votre égide,
Non, vous ne périrez pas. * De Marie, etc.

    En vain l'enfer en furie
Frémirait autour de vous ;
Si vous invoquez Marie
Vous braverez son courroux. * De Marie, etc.

    Oui, je veux, ô tendre Mère !
Jusqu'à mon dernier soupir
T'aimer, te servir, te plaire,
Et pour toi vivre et mourir. * De Marie, etc.

---

20. — Quelle est bonne Marie.

Chœur. QU'ELLE est bonne Marie !
    C'est la paix, c'est la vie :

Pour l'âme qui la prie
C'est le bonheur !
   RÉCIT. C'est la vierge bénie,
La mère du Sauveur.
L'espérance chérie
Qui berce la douleur. * Qu'elle, etc.
   Des anges l'harmonie
N'a pas tant de douceur
Que la parole amie
Qu'elle adresse au pécheur. * Qu'elle.
   Près d'elle, âme flétrie,
Déplore ta langueur;
Et tu seras remplie
D'une sainte ferveur. * Qu'elle, etc.
   Heureux qui s'humilie,
Frappé de sa splendeur;
Jamais elle n'oublie
Son humble serviteur. * Qu'elle, etc.

---

21. — Invocation à la sainte Vierge.

Air : *Pourquoi me fuir, passagère hirondelle.*

Mère de Dieu, du monde Souveraine,
Vous qui voyez à vos pieds tous les rois,
Je vous choisis aujourd'hui pour ma Reine,
Je me soumets pour toujours à vos lois.   (bis.)
  Je mets ma gloire à vous marquer mon zèle,
A vous aimer, à vous faire servir,
Ah ! si mon cœur devait être infidèle,
J'aimerais mieux dès à présent mourir.   (bis.)
  Secourez-moi, puissante Protectrice,
Secourez-moi jusqu'au dernier soupir ;
Pour que toujours je m'éloigne du vice,
Par vos bontés daignez me soutenir.   (bis.)
  Vierge sans tache, admirable Marie,
Je veux partout publier vos grandeurs,

Et m'employer le reste de ma vie,
A vous servir et vous gagner des cœurs.   (bis.)
     Ah ! quel bonheur, Vierge, quand on vous aime !
Quelle douceur ! Ah ! quel glorieux sort !
En vous aimant, sûr de plaire à Dieu même,
On se procure une paisible mort.   (bis.)
     Pour mériter ce bien inestimable,
Après Jésus vous serez mon appui,
Et vous tiendrez, ô Mère tout aimable,
Le premier rang dans mon cœur, après lui.   (bis.)
     Vous en serez toujours seule la Reine,
Et votre Fils en sera seul le Roi.
Lui Souverain, vous-même Souveraine,
Tous deux ensemble y donnerez la loi.   (bis.)

---

22 — Entends nos vœux.

REINE des Cieux,
   Jette les yeux
Sur ce béni sanctuaire ;
Et des pécheurs
Guéris les cœurs,
Et montre-toi notre mère.
   Entends nos vœux,
Rends-nous heureux
En nous donnant la vic-
Et pour jamais   (toire,
De tes bienfaits   (moire.
Nous garderons la mé-
   Mets en nos cœurs
Les belles fleurs,
Symboles de l'innocence.
Conserve nous
Les dons si doux (rance.
De foi, d'amour, d'espé-
   Des noirs enfers
Brise les fers.

Les fers de son esclavage,
Eteints les feux
De l'antre affreux
Et sauve-nous de sa rage.
   Astre des mers,
Des flots amers   (te ;
Calme la vague écuman-
Chasse la mort,
Et mène au port
Notre nacelle tremblante.
   Ne souffre pas
Que le trépas   (crime ;
Nous surprenne dans le
Non, ton enfant
Du noir serpent
Ne sera point la victime.
   Si les accents
De tes enfants   (ne ;
S'élèvent jusqu'à ton trô-
Dans ce séjour   2.

Du bel amour   (ne ; | Dans la céleste patrie ;
Garde-leur une couron- | Et d'y fêter
　Accorde-nous | Et d'y chanter
De t'aimer tous | L'aimable nom de Marie !

---

25. — En toi j'espère.

* Tendre Marie, | Ma tendre mère,
Mère chérie, | En toi j'espère,
O vrai bonheur | Sois mes amours,
　Du cœur. | 　Toujours.

Tout ce qui souffre sur la terre
En toi trouve un puissant secours ;
Ton cœur entend notre prière,
Et ton cœur nous répond toujours.
　　* Tendre Marie, etc.
　Tu nous consoles dans nos peines,
Tu viens à nous dans l'abandon ;
Du pécheur tu brises les chaînes,
C'est toi qui donnes le pardon.
　　* Tendre Marie, etc.
　Ta douce main sèche nos larmes ;
Ton nom si doux guérit nos maux ;
Et nous trouvons encore des charmes,
A te prier sur des tombeaux.
　　* Tendre Marie, etc.
Le matelot, dans la tempête,
Invoque l'étoile des mers :
L'étoile brille sur sa tête,
Et tu calmes les flots amers.
　　* Tendre Marie, etc.
　Oui, je te consacre mes peines,
Je consacre mes douleurs.
Unissant mes larmes aux tiennes,
Tu taris ma source de pleurs.
　　* Tendre Marie, etc.

24. — Suivons Marie au ciel.

Air nouveau.

Avec transport les cieux l'ont proclamée,
Reine des Saints, des Trônes, des vertus;
La voyez-vous, ma Mère bien aimée,
Près de son Fils, près de son doux Jésus?
Ref.   Volons, volons, mon âme,
         Loin de ce lieu mortel!
         Sur des ailes de flamme
         Suivons Marie au ciel.
Solo.   Après ta douce Mère,
         Vole, mon pauvre cœur :
         Loin d'elle sur la terre,
         Loin d'elle est-il bonheur?

Et moi, son fils, comment pourrai-je vivre,
Loin des beaux lieux où se trouve sa cour?
Au ciel, au ciel, je veux, je dois la suivre!
Volons, volons, sur l'aile de l'amour!
    Volons, etc. Après, etc.

Cruel départ qui me ravit ma mère!
Qui me ravit ma vie et mon espoir!
Partons! partons; la vie est trop amère!
Au ciel, au ciel, volons, allons la voir !
    Volons, etc. Après, etc.

Pour son enfant son instante prière
A son Jésus demande de beaux jours;
Mais pour l'enfant qui regrette sa Mère
Oh! de ses pleurs qui suspendra le cours?
    Volons, etc. Après, etc.

Mère d'amour, exauce, je t'en prie;
De ton enfant le plus ardent désir;
Fais qu'ici-bas je vive de ta vie,
Et de ta mort que je puisse mourir!
    Volons, etc. Après, etc.

25. — Je la verrai.

JE la verrai cette Mère chérie ;
    Ce doux espoir fait palpiter mon cœur.
Elle est si bonne et si tendre, Marie !
Un seul regard ferait tout mon bonheur.
        Divine Marie,
        J'ai l'espoir
        Au ciel ma patrie
        De te voir.
Je fus toujours l'enfant de sa tendresse ;
Mais plus je suis comblé de ses bienfaits,
Et plus j'éprouve en l'âme de tristesse ;
Je la chéris, je ne la vois jamais.
        Divine Marie, etc.
Je la chéris, je me plais à redire
Son nom si doux à chaque instant du jour ;
A chaque instant je me plais à l'écrire,
Je le répète et l'écris tour à tour.
        Divine Marie, etc.
Je vais cherchant son image fidèle ;
Mais nulle part je ne suis satisfait,   (belle,
Ah! dans mon cœur ma mère est bien plus
Et ce tableau lui-même est imparfait.
        Divine Marie, etc.
Combien encor durera son absence ?
A chaque fête elle vient en ce lieu ;
Mais sans la voir je suis en sa présence,
Et ce jour fuit ! adieu, ma mère ! adieu !
        Divine Marie, etc.

26. — Nous consacrons tout à Marie

Air nouveau.

DU haut du céleste séjour
    Où la gloire est votre apanage,

Marie, agréez en ce jour
Et notre encens et notre hommage.
Du péché brisant les liens,
Du monde abjurant la folie,
Notre amour, nos cœurs et nos biens,
Nous consacrons tout à Marie.

REF. * Mère de Dieu, Reine des Anges,
    Que tout célèbre vos bienfaits,
    Et que votre gloire à jamais
    Soit le sujet de nos louanges !

En vain par l'attrait du plaisir,
Le monde cherche à nous séduire,
Nos cœurs n'ont point d'autre désir
Que de vivre sous votre empire ;
Le monde est aveugle et trompeur,
Ses plaisirs ne sont que folie ;
Et pour trouver le vrai bonheur,
Nous nous consacrons à Marie. * Mère, etc.

Anges, témoins de nos douleurs.
Peignez à cette tendre Mère
Et nos dangers et nos frayeurs ;
Dans ce lieu d'exil, de misère,
Battus des flots et loin du port
Nous soupirons vers la patrie,
Pour obtenir un heureux sort
Nous nous consacrons à Marie. * Mère, etc.

Sur nous de vos riches faveurs,
Seigneur, répandez l'abondance ;
Faites régner dans tous les cœurs
La douce paix de l'innocence ;
Nous serons prêts à professer
De la croix la sainte folie ;
Et pour ne jamais nous lasser
Nous suivrons les pas de Marie. * Mère, etc.

27. — En l'honneur du saint nom de Marie

Air de trompette.

BÉNISSONS de Marie le saint Nom ;   (*bis.*)
Pour ses enfants il est si doux !
De le célébrer montrons-nous — Tous jaloux.
Implorons la clémence de ce nom ;   (*bis*).
A lui sans cesse ayons recours ;
Il nous promet un prompt secours — Pour toujours.
Exaltons la puissance de ce nom ;   (*bis*).
Rendons lui d'immortels honneurs ;
Chaque jour il verse en nos cœurs — Ses faveurs.
Qu'il a pour nous de charmes ce saint Nom ! (*bis*).
C'est le refuge des pécheurs,
Il peut terminer nos malheurs — Et nos pleurs.
Marie, en ces louanges de ton nom,   (*bis*).
Ouvre les bras à tes enfants ;
Conserve leurs cœurs innocents — Et fervents.

---

28. — Confiance en Marie

Air : *Pauvre Jacques.*

VOUS qu'en ces lieux combla de ses bienfaits
Une Mère auguste et chérie,
Enfants de Dieu que nos chants à jamais
Exaltent le nom de Marie !   (bis.)
Je vois monter tous les vœux des mortels
Vers le trône de sa clémence ;
Tout à sa gloire élève des autels
Des mains de la reconnaissance,
Tous. * Nous qu'en ces lieux combla de ses
Une mère auguste et chérie,
Enfants de Dieu, que nos chants à jamais
Exaltent le nom de Marie !   (bis.)
Ici sa voix puissante sur nos cœurs,

A la vertu nous encourage :
Sur le saint joug elle répand des fleurs ;
    Notre innocence est son ouvrage.   (bis.)
Si le lion rugit autour de nous,
    Elle étend son bras tutélaire :
L'enfer frémit d'un impuissant courroux,
    Et le ciel sourit à la terre.   * Nous, etc.
Quand le chagrin, de ses traits acérés,
    Blesse nos cœurs et les déchire,
Sensible Mère, elle est à nos côtés ;
    Avec nos cœurs, le sien soupire.   (bis.)
Combien de fois sa prévoyante main
    De l'ennemi rompit la trame !
Nous la priions, et nous sentions soudain
    La paix renaître dans notre âme.   * Nous...
Battu des flots, vain jouet du trépas,
    La foudre grondant sur sa tête.
Le nautonnier se jette dans ses bras,
    L'invoque, et voit fuir la tempête.   (bis.)
Tel le chrétien sur ce monde orageux,
    Vogue toujours près du naufrage ;
Mais à Marie adresse-t-il ses vœux,
    Il aborde en paix au rivage.   * Nous...
Heureux celui qui, dès ses premiers ans,
    Se fit un bonheur de lui plaire !
Heureux ceux qu'elle adopta pour enfants !
    La Reine des cieux est leur mère.   (bis).
Oui, sa bonté se plaît à secourir
    Un cœur confiant qui la prie.
Siècles, parlez !... Vit-on jamais périr
    Un vrai serviteur de Marie ?   * Nous , etc.
Vos fronts, pécheurs, pâlissent abattus
    A l'aspect du souverain Juge ;
Ah ! si Marie est reine des vertus,
    Des pécheurs elle est le refuge.   (bis).
Déposez donc en son sein maternel

Votre repentir et vos larmes.
Elle prîra... Des mains de l'Eternel
   Bientôt s'échapperont les armes.   * Nous...
Si vous avez, dans toute sa fraîcheur,
   Conservé la tendre innocence,
Ah ! votre Mère en a sauvé la fleur,
   Elle vous garda dès l'enfance.   (bis).
A son autel, venez, enfants chéris,
   Savourer de saintes délices;
Consacrez-lui vos cœurs et vos esprits;
   Elle en mérite les prémices.   * Nous, etc.
Temple divin, ô asile béni,
   Faut-il donc quitter ton enceinte ?
Faut-il aller de ce monde ennemi
   Braver la meurtrière atteinte ?   (bis.)
Tendre Marie, ah ! nous allons périr;
   Le scandale inonde la terre !
Veillez sur nous, daignez nous secourir
   Montrez-vous toujours notre Mère. * Nous...

---

29. — Vous en êtes témoins.

Air : *Du chant du Midi.*

Vous en êtes témoins, Anges du Sanctuaire,
  De la mère de Dieu nous sommes les enfants ;
C'en est fait, et Marie a reçu nos serments :
Honneur, respect, amour à notre auguste mère !
  * Nous l'avons tous juré : nous sommes ses enfants;
L'aimer est de nos cœurs le vœu le plus sincère.
Et les cieux mille fois redisant nos serments,
Comme nous, mille fois béniront notre Mère.

  De puissants ennemis nous déclarent la guerre,
Je sens mon cœur frémir à l'aspect des combats.
Soutiens-nous, ô Marie; à nos débiles bras
Daigne ajouter l'appui de ton bras tutélaire.
  * Nous l'avons, etc.

Si, pour nous enchaîner, des faux biens de la vie,
Le monde offre à nos yeux les attraits imposteurs,
Disons-lui, repoussant ses funestes douceurs :
Mon cœur n'est plus à moi, mon cœur est à Marie.
        * Nous l'avons, etc.

L'enfer peut de sa rage exciter la tempête,
Le dragon orgueilleux peut frémir de courroux ;
L'invincible Marie, a triomphé pour nous,
Pour nous du vieux serpent elle a brisé la tête.
        * Nous l'avons, etc.

Ainsi toujours vainqueur, si son bras nous seconde,
Et chargé de lauriers dès nos plus jeunes ans,
Toujours nous foulerons sous nos pieds triomphants
Les pompes de Satan, les vains plaisirs du monde.
        * Nous l'avons, etc.

---

50. — Suis-moi, je mène au ciel.

Viens, viens à moi, m'a dit souvent le monde,
    Je donne à tous bonheur, plaisir sans fiel...
Mais une vierge au front pur comme l'onde
M'a dit tout bas : Suis-moi, je mène au ciel.

Et moi, j'ai dit : Je veux suivre Marie !...
Le monde ment, ses fruits sont des douleurs.
Mais toi, Marie, au séjour de la vie
Tu nous conduis par un sentier de fleurs.

Bonne Marie, invoque Dieu sans cesse ;
Demande-lui que je sois doux de cœur,
Humble d'esprit, soumis dans la tristesse,
Mais surtout pur, pur comme un lys en fleur.

Tu sais, hélas ! cette terre est affreuse ;
C'est un exil, un noir vallon de pleurs ;
Sois près de moi, rose mystérieuse,
Et ton parfum calmera mes douleurs.

Tu sais, le monde est une mer cruelle
Où trop souvent l'on rencontre le mort ;
Brillante étoile, ah ! guide ma nacelle,
Et sans danger je gagnerai le port.

---

31. — Bénis tes enfants.

Dans ce beau mois, lorsqu'au nom de Marie,
Un doux soleil sourit aux jeunes fleurs,
Mère si tendre et toujours plus chérie,
Souris toi-même aux désirs de nos cœurs.

Сн. * Vierge si chère | Sois notre mère
    Aux premiers ans, | Et bénis tes enfants.

Voués à toi dès notre plus bel âge,
S'il faut connaître un monde criminel,
Près de Jésus, en dépit de l'orage,
Nous dormirons sur ton sein maternel.   * Vierge...

D'un Dieu clément la tendresse éternelle
Nous donne au ciel sa mère pour appui :
Heureux enfants ! en travaillant pour elle,
Nous sommes sûrs de travailler pour lui. * Vierge...

Ta volonté par nous sera suivie :
Oui, nous t'aimons, et nous venons t'offrir,
Tout notre cœur, nos désirs, notre vie,
Et notre mort, puisqu'il faudra mourir ! * Vierge...

---

32. — Litanies de la très-sainte Vierge.

Air connu.

Dieu tout-puissant, Dieu de bonté,
Qui connaissez notre misère,
Touché de notre infirmité,
Calmez votre juste colère ;
  * Nous mettons notre espoir en vous
Seigneur, ayez pitié de nous.

Jésus, adorable Sauveur,
Qui, fléchi par la pénitence,
Abandonnez votre rigueur,
Pour exercer votre clémence ; * Nous...

Père de toute éternité,
Fils de Dieu, Rédempteur des hommes,
Esprit, source de sainteté,
Qui voyez l'état où nous sommes ; * Nous.

Unité sans division,
Trois personnes en une essence ;
Trinité sans confusion,
Nous implorons votre assistance ; * Nous.

Marie, ô miroir de pudeur,
Et des vierges la protectrice,
Comme nous avons le bonheur
D'être admis à votre service ;

† Nous avons tous recours à vous,
Mère de Dieu, priez pour nous.

Vierge, Mère de Jésus-Christ,
Mère de la grâce divine :
Nulle souillure ne flétrit
Votre vie ou votre origine ;   † Nous...

Mère du bel et chaste amour,
Que le ciel et la terre admire,
Jésus même vous doit le jour :
Il est soumis à votre empire ; † Nous...

Merveille de fidélité,
Parfait miracle de prudence,
Vous avez toute autorité ;
Vous n'avez pas moins de clémence ;
       † Nous avons, etc.

Cause aimable de nos plaisirs,
Rare modèle de justice,
Présentez à Dieu nos désirs,
Et faites qu'il nous soit propice ; † Nous.

Vase rempli de sainteté,
Vase d'un prix inestimable,
Vase que la divinité
Nous rend à jamais honorable ; † Nous.

Rose mystique, Palais d'or,
Tour de David inébranlable,
Tour d'ivoire, riche trésor,
En qui tout est incomparable ; † Nous.

Arche d'alliance et d'amour,
Du matin la brillante Etoile,
Porte de cet heureux séjour
Où Dieu se découvre sans voile ; † Nous.

Source ineffable de tous biens,
Puissant refuge des coupables,
Secours assuré des chrétiens,
Soulagement des misérables ;   † Nous.

Reine de la terre et des cieux,
Des Patriarches, des Prophètes,
De tant d'Apôtres glorieux,
De tant d'invincibles athlètes ; † Nous.

Reine à qui tous les confesseurs
Doivent l'honneur de leur victoire,
Reine à qui tous les chastes cœurs
Et tous les saints doivent leur gloire ;
    † Nous avons, etc.

Agneau de Dieu, dont la bonté
Vous a fait charger de nos crimes
Pour calmer un Père irrité :
Nous n'avons pas d'autres victimes ;
    * Nous mettons notre espoir en vous,
Divin Jésus, exaucez-nous.

Agneau de Dieu qui, sur la croix,
Satisfîtes pour notre offense,
Nous avons ressenti cent fois
Les effets de votre clémence.   * Nous.

Agneau de Dieu dont la douceur
Ne permet pas que la justice
Exerce sur nous sa rigueur,
En nous condamnant au supplice.
     * Nous mettons, etc.

---

55. — Dévouement à Marie.

Air connu.

TRIOMPHEZ, Reine des cieux,
  A vous bénir chacun s'empresse :
  Triomphez, Reine des cieux,
Dans tous les temps, dans tous les lieux.

    Que l'amour nous prête,
    En ce jour de fête,
    Que l'amour nous prête
    Ses plus doux accords ;
Et que notre voix s'apprête
A seconder nos efforts !   * Triomphez.

    Célébrons en ce saint jour
Les vertus de l'humble Marie :
    Célébrons en ce saint jour
Et ses bienfaits, et son amour.
    Sans cesse enrichie,
    Jeunesse chérie,
    Sans cesse enrichie
    Des plus heureux dons ;
C'est de la main de Marie,
Enfants, que nous le tenons. * Triomphez.

    Qu'à jamais de ses faveurs
Nos chants rappellent la mémoire.
    Qu'à jamais de ses faveurs
Le souvenir charme nos cœurs !
    Le ciel et la terre
    Ravis de lui plaire,

Le ciel et la terre
Chantent ses appas.
Vos enfants, ô tendre Mère,
Ne vous béniraient-ils pas ? * Triomphez.
Achevez notre bonheur,
Retracez en nous votre image ;
Achevez notre bonheur,
Et gravez-nous dans votre cœur.
Guidez de l'enfance,
Par votre puissance :
Guidez de l'enfance
Les pas chancelants ;
Et que l'aimable innocence
Couronne nos derniers ans. * Triomphez.

---

54. — Pour la fin du mois de Marie.

Air : *Vierge sainte, rose vermeille.*

Ils vont finir, auguste mère,
Ces jours de joie et de bonheur ;
Mais en quittant ton sanctuaire,
J'y veux toujours laisser mon cœur.

* Veille sur moi, tendre Marie ;
Avec Jésus sois mes amours ;
Sois mon trésor, mon tout, ma vie,
Toujours, toujours, toujours !

Ta voix a calmé mes alarmes
Et dissipé mes noirs soucis ;
Si tu me vois verser des larmes,
Ce sont des pleurs que je chéris.

† Pourrais-je encore perfide et traître,
Pourrais-je, après tant de bienfaits,
T'oublier et te méconnaître !
Jamais, jamais, jamais,

J'avais perdu de l'innocence
Le calme heureux, l'aimable paix ;
Grâce à tes soins, la pénitence
Du ciel a désarmé les traits !
    * Veille sur moi, etc.

Quoique sûr de ton assistance,
Je tremble à l'aspect du danger ;
Je connais trop mon inconstance,
Pour ne pas craindre de tomber.
    † Pourrais-je encore, etc.

Que ne puis-je, ô Vierge fidèle,
Vivre et mourir à tes genoux ?
Expirer ainsi sous ton aile ;
Pour ton enfant quel sort plus doux !
    * Veille sur moi, etc.

Adieu, douces, saintes journées !
Vous avez fui, précieux temps !
Trahirai-je, avec les années,
Jésus, Marie et mes serments ?
Leur devenir perfide et traître,
Moi comblé de tant de bienfaits ;
Les oublier, les méconnaître !
Jamais ! jamais ! jamais !

---

35. — Chant de reconnaissance.

Air nouveau.

Jours heureux, jours de vrai plaisir
  Pour une âme innocente et pure ;
Jours heureux, jours de vrai plaisir,
Faut-il vous voir sitôt finir ?
    Biens, honneurs, beauté frivole,
Adieu donc, et pour jamais !
Vers Dieu mon âme s'envole !
Il me comble de bienfaits.
    * Jours heureux, etc.

Marie, ô divine aurore
Mes yeux sont fixés vers toi ;
Je te dois ce que j'adore
Jésus, mon Frère et mon Roi.* Jours, etc.
Avec toi, Mère chérie,
Nous terminons ces beaux jours ;
Vers la céleste patrie
De nos pas guide le cours.   * Jours, etc.

56.—Bonheur de la jeunesse qui se consacre à Marie.

Air : *Par les chants les plus magnifiques.*

HEUREUX qui, dès le premier âge,
Honore la reine des cieux,
Fuit les dons qu'un monde volage
Etale avec pompe à ses yeux ;
Qu'on est heureux sous son empire !
Qu'un cœur pur y trouve d'attraits !
Tout y ressent, tout y respire
L'amour, l'innocence et la paix.
Mondain, ta grandeur tout entière
S'anéantit dans le tombeau ;
L'instant où finit sa carrière
Du juste est l'instant le plus beau.
La paix règne sur son visage,
Son cœur est embrasé d'amour ;
Sa vie a coulé sans nuage,
Sa mort est le soir d'un beau jour.
Comme un rocher, qui d'âge en âge ,
Battu par les flots agités,
Brave la fureur de l'orage
Et l'effort des vents irrités :
Le vrai serviteur de Marie,
Digne à jamais de son appui,
Brave l'impuissante furie
De l'enfer armé contre lui.

Mais l'éclat d'un monde volage
Séduit-il nos faibles esprits,
Elle dédaigne notre hommage
Et le repousse avec mépris.
Dès-lors que notre âme est charmée
Des biens fragiles et mortels,
Notre encens n'est qu'une fumée
Qui déshonore ses autels.

Comment avec un cœur profane
Le pécheur, malgré ses forfaits,
De la vertu qui le condamne
Ose-t-il chanter les attraits ?
Dans son âme impure et flétrie,
Nourrissant un feu criminel,
Comment ose-t-il à Marie
Jurer un amour éternel ?

Régnez, Vierge sainte, en notre âme,
Vous y ferez régner la paix ;
Gravez en nous en trait de flamme
Le souvenir de vos bienfaits.
Mettez à l'ombre de vos ailes
Ces cœurs qui vous sont consacrés ;
Vers les demeures éternelles
Guidez nos pas mal assurés.

---

57. — Aux solennités de la sainte Vierge.

Air nouveau.

CHANTONS, chantons de Marie
Les ineffables grandeurs ;
C'est son Dieu qui l'a choisie,
Pour la combler de faveurs ;
Qu'un saint zèle nous anime ;
A sa dignité sublime
Rendons d'immortels honneurs.

Un Dieu vient enfin du monde
Faire cesser le malheur ;
Gloire à la Vierge féconde
Qui conçoit le Rédempteur.
C'est la foi qui m'en assure :
Dieu dit : et la créature
A pour fils le créateur.

De quels dons n'est point suivie
Cette auguste dignité !
Jésus prodigue à Marie
Des trésors de charité :
Marie est pleine de grâce ;
Après Dieu, rien ne surpasse
L'éclat de sa sainteté.

Ah ! quelle est son innocence,
Sa chasteté, sa pudeur,
Sa foi, son obéissance
Aux saintes lois du Seigneur.
Avec une ardeur extrême,
Elle offre à ce Dieu suprême
Tous les désirs de son cœur,

Mais qui dira de Marie
La profonde humilité ?
Elle ne se glorifie
Que dans le Dieu de bonté :
En elle rendons hommage
A la plus parfaite image
De l'auguste Trinité.

Que sa gloire est éclatante
Au séjour des bienheureux !
Que sa prière est puissante
Auprès du Maître des cieux,
Elle est des Anges la reine,
Des hommes la souveraine ;
Qu'on la révère en tous lieux.

Elle est notre protectrice
Dans nos dangers, nos malheurs ;
Elle est la consolatrice
De ceux qui versent des pleurs ;
Toujours pleine de clémence,
Elle est la douce espérance,
Le refuge des pécheurs.

O Marie, ô tendre mère,
Nous nous adressons à vous ;
Entendez notre prière,
Intéressez-vous pour nous ;
Qu'un repentir véritable,
Brisant notre cœur coupable,
De Dieu calme le courroux.

Priez le souverain maître
Qui seul doit être adoré ;
Que dans nous il fasse naître
Le feu de l'amour sacré.
Qu'en nos cœurs sa loi s'imprime,
Et que jamais par le crime
Il ne soit déshonoré.

Dans nos maux, dans nos alarmes
Prêtez-nous votre secours :
Contre le monde et ses charmes,
Fortifiez-nous toujours ;
Surtout, Mère charitable.
Ah ! soyez-nous secourable
Dans le dernier de nos jours.

FIN DES CANTIQUES.

TABLE.

FIN DE LA TABLE.